Vente du Jeudi 24 Décembre 1868.

———— ·:◦◦:· ————

TABLEAUX

DE

MAITRES MODERNES

———— ·•◦◦•· ————

Mᵉ BOUSSATON, Commissaire-Priseur.

M. DURAND-RUEL, Expert.

—

1868

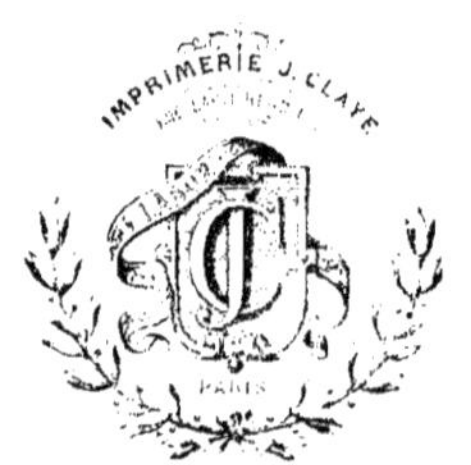

IMPRIMERIE J. CLAYE
PARIS

CATALOGUE

D'UNE REMARQUABLE COLLECTION

DE

TABLEAUX

ET DESSINS

DE

MAITRES MODERNES

DONT LA VENTE PUBLIQUE AURA LIEU

HOTEL DROUOT, SALLE N° 3

Le Jeudi 24 Décembre 1868

A 3 HEURES 1/2 PRÉCISES

PAR LE MINISTÈRE DE M° **BOUSSATON**, COMMISSAIRE-PRISEUR

7, RUE LE PELETIER

ASSISTÉ DE **M. DURAND-RUEL**, EXPERT

1, rue de la Paix.

EXPOSITIONS

PARTICULIÈRE	PUBLIQUE
Le Mardi 22 Décembre	Le Mercredi 23 Décembre
DE 1 A 5 HEURES	DE 1 A 5 HEURES

1868

CONDITIONS DE LA VENTE

Elle sera faite au comptant.

Les adjudicataires payeront cinq pour cent en sus des enchères, applicables aux frais.

CE CATALOGUE SE TROUVE

A PARIS.......... Chez Me BOUSSATON, Commissaire-Priseur.

   —   — M. DURAND-RUEL, Expert.

A LONDRES...... — M. GAMBART, 1, King-Street, Saint-James's sq.

   —   — M. WALLIS, 120, Pall-Mall.

A BRUXELLES... — M. HOLLENDER, 3, rue des Croisades.

A BERLIN.......... — M. LEPKÉ, 12, Unter den Linden.

A VIENNE......... — M. KAESER, 2, Bognergasse.

DÉSIGNATION

TABLEAUX

BROWN (J. L.)

1. — Le maréchal de Broglie pendant la guerre de Sept ans.

H., 23 c.; l., 35 c.

BROWN (J. L.)

2. — Le duc d'Aiguillon, lieutenant du roi au comté nantais, revenant de la chasse.

H., 50 c.; l., 60 c.

CABANEL

3. — Dans un bois.

H., 90 c.; L., 112 c.

COROT

4. — Le matin.

H., 40 c.; L., 60 c.

COROT

5. — Ville d'Avray.

H., 36 c.; L., 55 c.

DAUBIGNY

6. — Bords de la Cure, Morvan.

Nº 504 de l'Exposition de 1864.

H., 84 c.; L., 1ᵐ,46.

DIAZ

7. — Chênes et rochers dans la forêt de Fontaine-
bleau.

H., 84 c.; L., 1ᵐ,12.

DELACROIX . (EUG.)

8. — Le retour de l'abreuvoir.

H., 46 c.; L., 55 c.

DUPRÉ (JULES)

9. — Souvenir des Landes.

N° 203 de l'Exposition universelle.

H., 46 c.; l., 55 c.

DUPRÉ (JULES)

10. — Le bateau.

H., 47 c.; l., 58 c.

FROMENTIN

11. — Halte dans les oasis.

H., 54 c.; l., 65 c.

HUGUET

12. — Marche de nomades en Algérie.

H., 46 c.; l., 60 c.

HÉBERT

13. — La zingara.

H., 63 c.; l., 50 c.

JUSTIN-OUVRIÉ

14. — Jersey.

H., 82 c.; l., 1^m,34.

MERLE (H.)

15. — Enfants jouant avec un crabe.

H., 38 c.; l., 46 c.

TOULMOUCHE

16. — Une odalisque.

H., 32 c.; l., 45 c.

VERNET (HORACE)

17. — Fumeur indien.

H., 38 c.; l., 46 c.

VERNET (HORACE)

390. / 18. — Tête d'homme; étude.

H., 56 c.; l., 64 c.

VAN MARCKE

550. 19. — Animaux au repos.

H., 24 c.; l., 32 c.

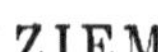

ZIEM

5-950. 20. — Bragosi byzantin levant ses filets.

28 septembre 1864.

H., 82 c.; l., 1m,20.

DESSINS

BARYE

600.

21. — Tigre couché.

Aquarelle.

H., 22 c.; l., 28 c.

BARYE

370.

22. — Cheval en liberté.

Aquarelle.

H., 22 c.; l., 28 c.

BROWN (J. L.)

23. — Un convoi de prisonniers de guerre.

Aquarelle.

Nº 2698 du Salon de 1868.

H., 33 c.; l., 48 c.

JUSTIN-OUVRIÉ

24. — Amsterdam.

Aquarelle.

H., 43 c.; l., 60 c.

PILS

25. — Buvette d'artilleurs.

Aquarelle.

H., 17 c.; l., 14 c.

PILS

265.

26. — La Forge volante; camp de Châlons.

Aquarelle.

H., 25 c.; l., 35 c.

ROUSSEAU (TH.)

440.—

27. — Prairie de Volotte, près Besançon.

Aquarelle.

H., 14 c.; l., 25 c.

PARIS. — . CLAYE, IMPRIMEUR, 7, RUE SAINT-BENOIT. — [1646]

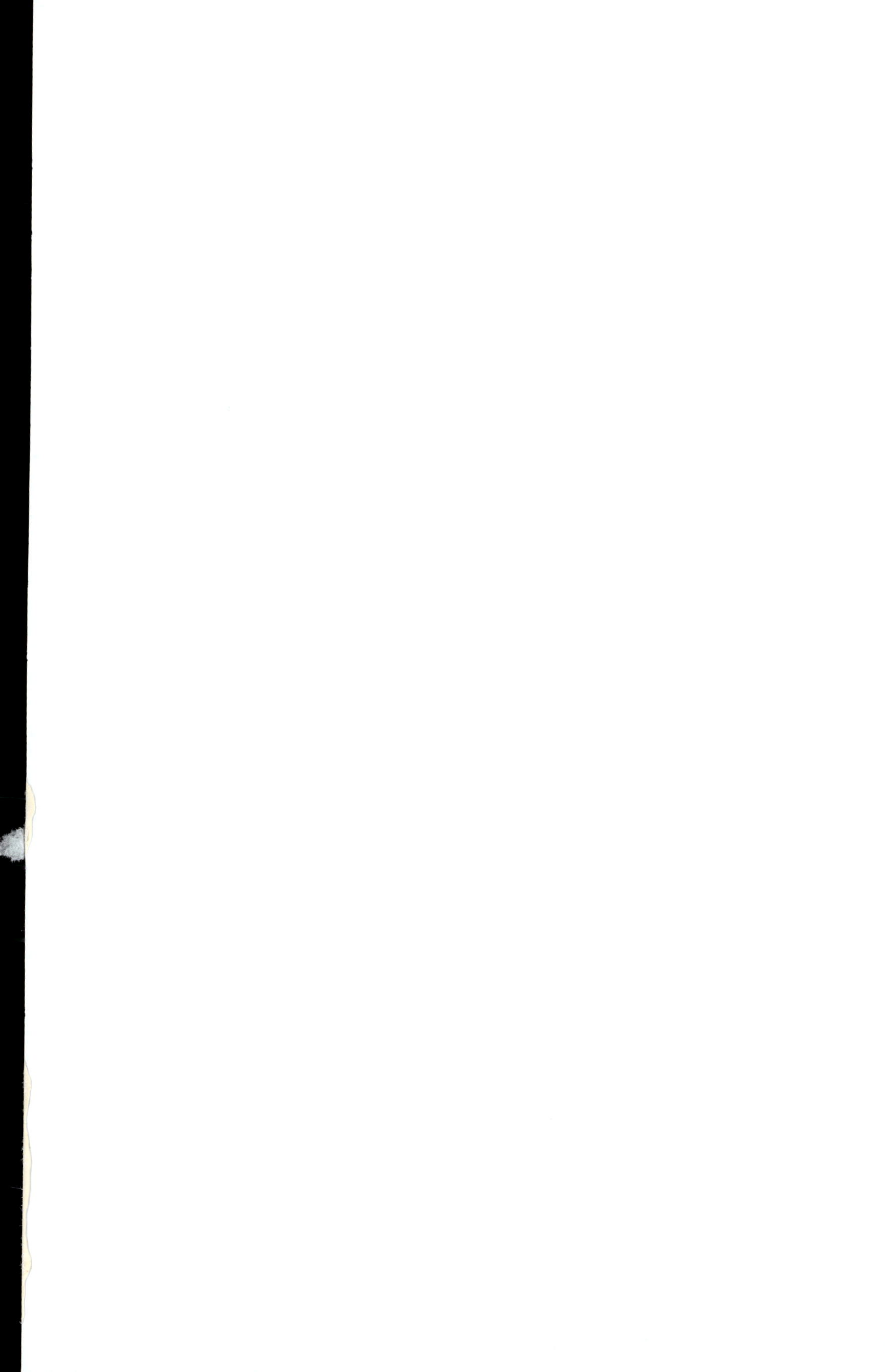